AF234483

ARMÉE

CATHOLIQUE ET ROYALE

DE BRETAGNE,

ET PAYS ADJACENTS.

———

JOSEPH Comte DE PUISAYE, Lieutenant-Général des Armées du Roi, Commandant en Chef pour Sa Majesté dans sa Province de Bretagne, &c.;

Aux Habitans de ces Pays.

BRAVES HABITANS,

L'ordre que j'ai reçu de Sa Majesté et de Son Altesse Royale MONSIEUR, Lieutenant-Général du Royaume, *de maintenir le Parti Royaliste DANS TOUTE SA PURETÉ*, m'impose le devoir de vous éclairer sur les nouveaux pièges, par lesquels l'intrigue et la malveillance, tentent en vain de surprendre votre bonne-foi.

La République n'est plus ! ou plutôt ce Gouvernement barbare, dont la monstrueuse et passagère existence a coûté tant de sang à notre triste Patrie, s'agite aujourd'hui dans les convulsions de la mort ! Les armées des factieux, dispersées et anéanties par les victoires multipliées des illustres Alliés de notre Roi ; les restes de la Marine Française, engloutis par les flots, ou devenus la proie du vainqueur, après une entreprise que le désespoir seul avoit pu conseiller ; tous les honnêtes gens détrompés, s'interrogeant eux-mêmes, et rougissant de reconnoître pour qui et contre qui ils s'étoient armés ; le retour sincère des Habitans des mêmes Pays, qui, séduits par les conseils perfides de vils étrangers, s'entr'égorgèrent pendant quatre ans, sous les yeux de ces féroces excitateurs ; tout annonce aux tyrans de la France, que la dernière heure de leur puissance est arrivée ; et le mot de République, s'il est encore sur les lèvres de quelques êtres fanatiques ou timides, n'est plus, du moins, dans le cœur ni dans l'espoir de personne.

Mais ces hommes accoutumés à dominer, instruits, à vos dépens, dans cet art exécrable et profond, qui profitent des vertus même des hommes, pour les diviser entr'eux et pour les asservir, frémissent à l'approche de ce jour pour lequel vous avez si long-temps et si glorieusement combattu, de ce jour heureux et célèbre à jamais dans les Annales de la Religion et de la Monarchie, où le plus desiré des Rois, le petit-fils de HENRI IV, entouré des restes précieux de son auguste Famille, que la Providence céleste et leur courage magnanime ont arraché au fer des bourreaux, environné de cette foule de Héros Français, dont la valeur et la constance dans le malheur, sont, pour la Patrie reconnoissante, autant de titres de gloire, viendra, précédé des Ministres fidèles de notre sainte Religion, proclamer son triomphe éclatant, et par un pardon généreux et universel, donner à ses Sujets le signal de la reconciliation, et le bonheur à son Pays.

Ils se tourmentent dans leur rage insensée; et ne pouvant plus reculer ce moment par des efforts qu'ils savent désormais devoir être impuissans, ils essayent aujourd'hui de tromper l'ignorance et de séduire les foibles, par la promesse illusoire d'un Gouvernement fondé sur de nouvelles bases, ou plutôt sur des bases semblables à celui qui plongea la France dans un abyme de maux.

Des Emissaires secrets parcourent nos campagnes, et s'introduisent dans nos Cités; ils osent proposer, comme remède aux désastres dont leurs Commettans furent les auteurs forcenés, l'association monstrueuse d'un fantôme de royauté, avec les principes républicains d'une de leurs Constitutions éphémères : ils ne craignent pas de révolter l'imagination effrayée, par le projet dérisoire et barbare de faire asseoir LOUIS XVIII parmi les assassins de son auguste Frère, et de faire servir de degrés au Trône qu'ils veulent élever, les marches de l'échafaud de LOUIS XVI !

O mon Maître ! ô mon Roi ! au milieu des malheurs qui ont illustré votre exil glorieux !... Qu'ils connoissent bien peu votre ame magnanime, ceux-là, ces êtres pusillanimes & foibles, qui écoutent de sang-froid de pareilles propositions ! Ils ne favent donc pas que, livré tout entier à l'idée qui vous est si chère, de rendre votre Peuple heureux, LOUIS XVIII, par sa constance, s'est placé au-lessus des Couronnes ! Et que ce funeste projet, qui prépareroit à la France un siècle de convulsions, d'instabilités, d'anarchie et de malheurs, est le dernier outrage que des régicides pouvoient faire à leur Maître.

Braves Habitans ! reconnoissez ce piège dans toute sa grossièreté ! J'ai promis de combattre les factieux, de quelque masque qu'ils osent se

[5]

couvrir ; je tiendrai ma parole ; et le voile va être déchiré !

Vos tyrans, car ce sont toujours les mêmes, ont surpris la confiance de quelques hommes inexpérimentés, dont ils ont flatté l'ambition par de pompeuses promesses ; la faction qui bouleverse la France depuis sept ans, n'a point changé d'objet ! L'infâme Duc d'Orléans, trop honoré par le supplice des martyrs, revit dans son fils ! Les factieux ont éloigné celui-ci, pour le faire paroître quand il en seroit temps !

On veut offrir à l'Héritier de HENRI IV, à votre Roi légitime, une Couronne sanglante et enchaînée ! On connoît l'élévation de son cœur ; on est assuré qu'il la rejettera avec indignation. Cette offre sera repoussée successivement par nos Princes vertueux, dans l'ordre de l'hérédité ; et d'après une des prétendues Loix qui prescrit cette marche pour la succession au Trône *Constitutionnel,* on pense légitimer ainsi l'usurpation du fils de PHILIPPE.

Le souffririez-vous, Bretons fidèles, et vous braves Vendéens ? Non, c'est vous faire injure ; non, vos bras généreux ne s'armeront point au signal de chefs parasites, que vous ne vîtes jamais aux champs de l'honneur, et qui osent calomnier ceux qui vous y ont si long-temps conduit : vous n'écouterez point leur trompeuse voix.

C'est en présence de tous les Français, c'est à la face de l'Europe, que je renouvelle ici ce serment solemnel, qui, dans des jours de deuil, nous a tous liés à jamais, et qui est devenu le premier monument de votre g'oire!

Je jure de combattre pour le rétablissement en France, de la Religion Catholique, Apostolique et Romaine; pour celui de la Monarchie Française dans tout son éclat; pour le maintien des droits et des propriétés de tous et de chacun; pour le retour de l'ordre et de la tranquillité publique; je jure, conformément aux principes de ma Religion et aux volontés de mon Roi, de ne conserver aucune haîne contre ses Sujets égarés, d'accueillir tous ceux qui, revenus de leurs erreurs, se réuniront à nous pour le bonheur commun; d'oublier le passé, de préserver tous les Sujets du Roi, quelles qu'aient été leurs erreurs et leur conduite, de toutes vexations, en faisant exécuter à leur égard, les Loix protectrices de la Monarchie Française, dont l'apanage le plus doux pour mon Souverain, est le *DROIT DE PARDONNER*, qu'on cherche à lui ravir.

Royalistes, tel fut notre premier serment! Sous la hache des bourreaux, vous lui fûtes fidèles, et au milieu des insinuations perfides de ces bourreaux déguisés, dont la frayeur a changé le langage ; vous l'avez déjà renouvellé avec moi dans votre cœur, et nous le remplirons.

VIVE LE ROI LOUIS XVIII, ROI DE FRANCE ET DE NAVARRE, dans toute la plénitude de sa puissance et de sa gloire !

DONNÉ le premier jour de Janvier 1797, l'an troisième du règne de LOUIS XVIII.

Le Comte JOSEPH DE PUISAYE, *Général en chef.*